Wojciech Widłak

Sekret ponurego zamku

zilustrowała
Diana Karpowicz

EDUKACYJNY
EGMONT

m-i-a-s-t-o

2

Było sobie stare miasto.

A co to za ponury budynek?

4

No tak, to zamek.

z-a-m-e-k

Ma wysokie mury
i wiele komnat, ale…

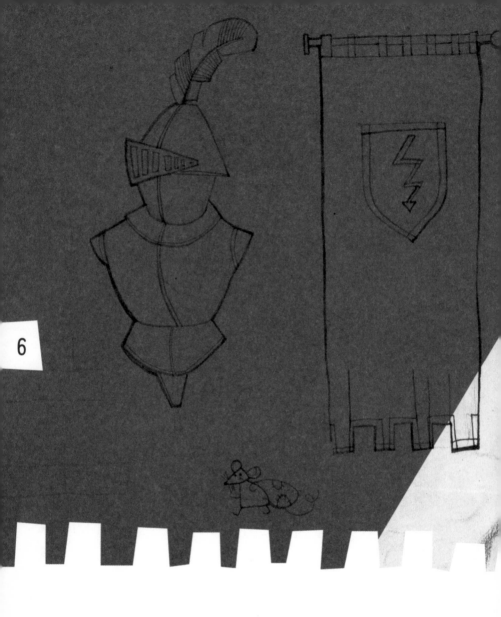

6

...tylko jednego lokatora.

l-o-k-a-t-o-r

7

O, tam stoi! Kto to jest?

8

To słynna zjawa – Ponura Dama.

w-y-j-e

Ona wyje całymi nocami.

p-u-s-t-y

Nawet sowy zostawiły ten zamek.

Zamek jest teraz pusty i smutny.

Prezydent miasta wezwał pomoc.

p-r-e-z-y-d-e-n-t

13

Policja robiła obławy.

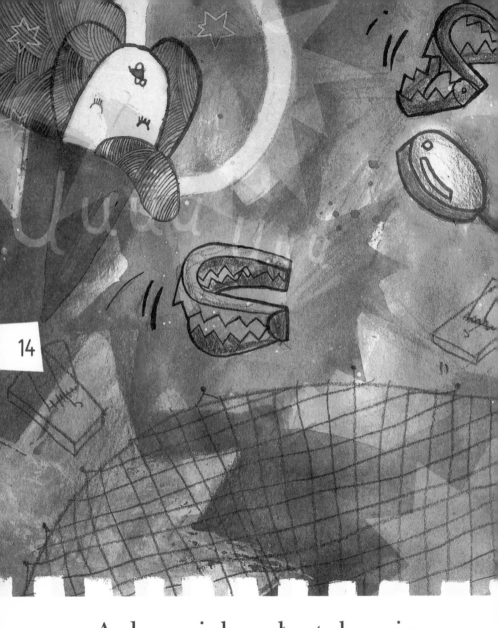

14

A dama jak wyła, tak wyje.

d-e-t-e-k-t-y-w

15

Detektywi zastawiali pułapki.

A dama jak wyła, tak wyje.

Słynny magik wołał:
ABRAKADABRA!

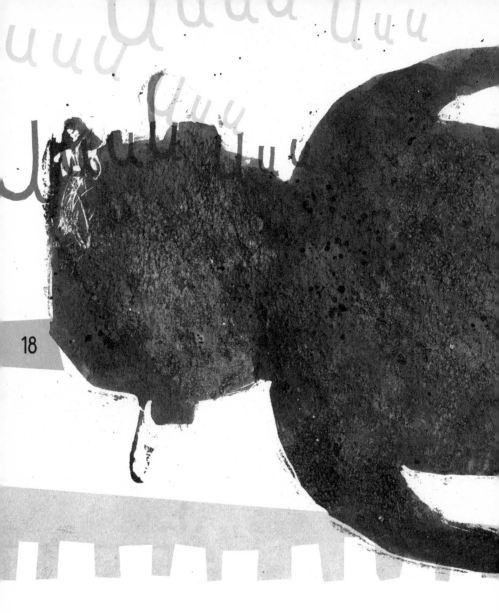

A dama jak wyła, tak wyje.

k-t-o

A to kto?

To Kuba. Kuba jest mały,
ale bojowy i wesoły.

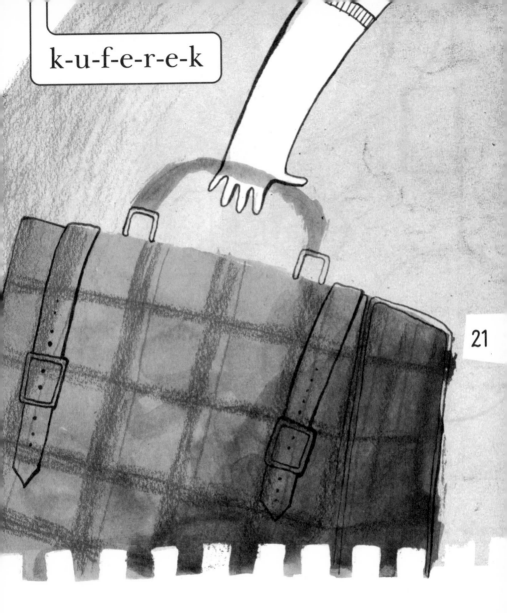

k-u-f-e-r-e-k

21

Kuba ma kolorowy kuferek.

22

A co jest w tym kuferku?
O, to sekret.

K-u-b-a

Kuba obiecał panu
prezydentowi pomoc.

n-o-c

W nocy wlazł do zamku.
Prosto do damy.

Całe miasto zamarło…
Co zrobi dama?

I nagle... dama poweselała!

Zamiast okropnej zjawy –
pogodna i radosna dama.

28

Kuba odkrył jej sekret! Damie
było nudno i dlatego tak wyła.

z-a-b-a-w-k-i

A on dał jej z kuferka rozmaite
gry, układanki i zabawki.

m-e-d-a-l

30

Kuba dostał całusa od damy
i medal od pana prezydenta.

Od tej pory zamek i Wesoła Dama
to ogromne atrakcje tego miasta.

SKŁADAM SŁOWA

Czytam sobie

Ramki ze słowami do **czytania głoskami** służą do ćwiczenia tej ważnej umiejętności na pierwszym etapie nauki czytania.

Wysokiej klasy kolorowe i zabawne **ilustracje** są harmonijnym uzupełnieniem czytanego tekstu. Bawią i wzmacniają więź z tekstem.

z-a-m-e-k

4

5

No tak, to zamek.

Ma wysokie mury i wiele komnat, ale...

Tekst znajduje się na dole strony, dzięki czemu początkujący czytelnik może łatwo **pomagać sobie palcem** w składaniu poszczególnych słów.

Bardzo duża czcionka ułatwia czytanie.

Numeracja stron pozwala śledzić postępy w czytaniu i cieszyć się nimi, jednocześnie utrwalając liczenie.